Isabella Mendo

10 SHORT FRENCH CHRISTMAS STORIES WITH MARIA AND THE ANIMAL DETECTIVES:

Learning Through Adventure

All stories include.

Questions on the text for students

Vocabulary for students

Grammar exercises

Dialogues for practice

La lettre perdue pour le Père Noël

Dans un petit village près de Marseille, une petite fille nommée Maria vivait joyeusement avec ses grands-parents. Comme tous les enfants, Maria avait une tradition: écrire une lettre pleine de rêves au Père Noël. Mais cette année, sa précieuse lettre avait disparu!

Mais Maria n'était pas du genre à abandonner facilement. Elle avait trois incroyables alliés: Boris le chat qui pouvait voir même les choses les plus minuscules, Luna le chien au nez extraordinairement puissant et Picasso le perroquet qui pouvait voler haut et avoir une vue d'ensemble de tout.

La petite brigade s'est réunie dans le salon, décoré avec des guirlandes et une belle crèche qui représentait la nativité, une tradition très importante en Provence. «Il est temps de jouer les détectives, mes amis!» déclara Maria, inspirée.

Le trio animalier se mit en action. Boris utilisa ses yeux perçants pour repérer le premier indice, un petit morceau de la lettre caché sous le canapé. Il le montra à Maria qui s'exclama, «C'est un morceau de ma lettre!»

La brigade suivit une piste d'indices qui les mena à travers le village, passant devant les maisons décorées de lumières scintillantes et d'étoiles brillantes.

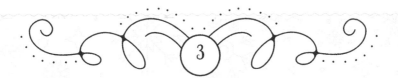

Chaque maison avait sa propre crèche, et certaines avaient même des santons, les petites figurines provençales traditionnelles.

Luna, avec son nez puissant, flaira un autre morceau près de la boulangerie du village, où l'arôme doux des biscuits de Noël emplissait l'air. Ils s'arrêtèrent un moment pour savourer l'odeur, puis reprirent leur mission.

Picasso prit son envol, scrutant le sol d'en haut. Soudain, il vit quelque chose près de la grande place du village où se trouvait le majestueux sapin de Noël, décoré de mille feux et entouré de stands vendant des douceurs et des cadeaux pour les fêtes.

«Ici! Ici!» cria Picasso, planant vers un banc où une vieille dame était assise, tenant le reste de la lettre dans ses mains. Elle était en train de lire la lettre, un sourire doux sur son visage.

Maria s'approcha d'elle timidement, «Excusez-moi, madame, c'est ma lettre pour le Père Noël...» La vieille dame rit doucement, «Oh, ma chère, je suis désolée, je l'ai trouvée par terre et je pensais la remettre au maire pour qu'il puisse la retrouver.»

Elle lui rendit la lettre avec un clin d'oeil complice. Avec la lettre entre ses mains, Maria remercia ses amis super-

héros avec de gros câlins. Ensemble, ils récupérèrent tous les morceaux et la recollèrent, ajoutant même quelques décorations supplémentaires pour la rendre encore plus spéciale.

Le soir venu, alors que les étoiles brillaient et que le village était illuminé de mille lumières, Maria plaça sa lettre réparée sous le sapin de Noël, confiante que le Père Noël la trouverait.

La nuit de Noël, alors que Maria ouvrait ses cadeaux, elle trouva une note du Père Noël. «Merci pour ta belle lettre, Maria. Et bravo à tes détectives!» Elle sourit, sachant que ses amis fidèles avaient rendu cela possible.

Et dans le coin, Boris, Luna et Picasso partageaient un sourire secret et satisfait, heureux d'avoir aidé leur amie dans sa mission de Noël.

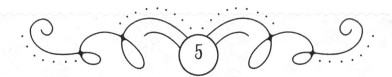

Questions sur le texte pour les étudiants/
Questions on the text for students

- Où Maria a-t-elle trouvé les premiers indices?
  (Where did Maria find the first clues?)

- Qu'est-ce que Luna a senti près de la boulangerie?
  (What did Luna smell near the bakery?)

- Comment la vieille dame a-t-elle trouvé la lettre?
  (How did the old lady find the letter?)

- Pourquoi le sapin de Noël était il spécial pour Maria cette année?
  (Why was the Christmas tree special for Maria this year?)

- Qu'a fait Maria avec les morceaux de la lettre?
  (What did Maria do with the pieces of the letter?)

Vocabulaire pour les étudiants/ Vocabulary for students:

Lettre (Let-truh) – Letter

Détective (Day-teck-teev) – Detective

Sapin de Noël (Sap-an de No-ell) – Christmas tree

Crèche (Kresh) – Nativity scene

Santon (San-ton) – Little saint, a traditional Provençal figurine used in nativity scenes

Exercices de grammaire/Grammar exercises:

Pratiquez le passé composé. Convertissez les phrases suivantes du présent au passé composé:

- Maria perd sa lettre. (Maria lost her letter.)

- Les détectives cherchent des indices.
  (The detectives looked for clues.)

- Luna sent une odeur près de la boulangerie.
  (Luna smelled a scent near the bakery.)

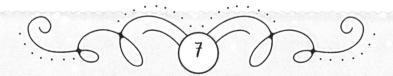

- Picasso voit quelque chose d'en haut.
  (Picasso saw something from above.)

- Ils collent les morceaux de la lettre.
  (They glued the pieces of the letter together.)

Dialogues pour pratique/Dialogues for practice:

Maria: Regardez, j'ai retrouvé un morceau!

Boris: Bien joué, Maria!

Maria: Look, I found a piece!

Boris: Well done, Maria!

Picasso: Je vois la vieille dame là-bas.

Luna: Allons lui parler.

Picasso: I see the old lady over there. Luna: Let's go talk to her.

Vieille dame: Tiens, ma chère, voici ta lettre.

Maria: Merci beaucoup, madame!

Old lady: Here you go, dear, here is your letter.

Maria: Thank you so much, ma'am!

Les Jeux Olympiques d'Hiver du Village

Dans un petit village près de Marseille, la jeune Maria et ses grands-parents préparaient une fête de Noël très spéciale: les «Jeux Olympiques d'Hiver du Village». Maria, avec son imagination débordante, avait invité trois détectives animaliers très particuliers pour aider à orchestrer les jeux: Boris le chat volant, Luna le chien parlant, et Picasso le perroquet artiste.

La compétition s'ouvrait avec une parade extravagante menée par Luna, qui, avec un micro, annonçait fièrement les équipes participantes. Boris, avec une agilité aérienne, survolait les équipes, garantissant que tout était en ordre, tandis que Picasso créait des banderoles en peignant dans l'air avec son pinceau magique.

Le premier événement était une course de traîneaux non conventionnelle. Les villageois s'élançaient dans des traîneaux fabriqués à partir de tout et n'importe quoi: des baignoires, des canapés et même des réfrigérateurs! Maria et ses grands-parents étaient dans une équipe, rigolant sans arrêt tandis qu'ils descendaient la piste dans un traîneau en forme de grand lit.

Puis, il y avait le concours du plus beau sapin de Noël. Les concurrents ornaient leurs arbres de toutes sortes d'objets étranges et merveilleux, et Picasso ajoutait une touche spéciale en peignant des ornements qui prenaient vie et dansaient autour des arbres. Maria était émerveillée, ses yeux brillant de joie devant le spectacle enchanteur.

Ensuite, place à la grande course de cuisine, où tous les participants avaient pour mission de créer la meilleure bûche de Noël possible. Luna était le juge, goûtant chaque bûche avec une expression sérieuse sur son visage avant d'éclater de rire et de donner des notes très élevées à tout le monde.

La journée s'est terminée par un grand banquet où tous les villageois se sont réunis pour partager le festin de Noël. Boris volait au-dessus d'eux, distribuant des cadeaux avec une grâce chatoyante, tandis que Picasso créait une fresque aérienne magnifique qui racontait l'histoire du jour avec des images vibrantes et colorées.

Dans la douce lumière de la soirée, sous le regard bienveillant des étoiles, Maria et ses grands-parents se sont blottis ensemble, remplis de joie et d'amour. Le village tout entier riait, chantait et dansait, célébrant la magie de Noël dans une harmonie parfaite, grâce à l'incroyable équipe de détectives animaliers et à l'esprit indomptable et joyeux de la petite Maria.

Questions sur le texte pour les étudiants/
Questions on the text for students:

- Quelle est la fête spéciale organisée dans le village?
  (What is the special event organized in the village?)

- Qui sont les détectives animaliers?
  (Who are the animal detectives?)

- Quels étaient certains des objets utilisés pour les traîneaux dans la course?
  (What were some of the objects used for the sleds in the race?)

- Que créait Picasso pour l'épreuve du sapin de Noël?
  (What did Picasso create for the Christmas tree competition?)

- Comment la journée s'est-elle terminée?
  (How did the day end?)

Vocabulaire pour les étudiants/
Vocabulary for students:

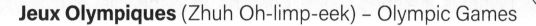

Jeux Olympiques (Zhuh Oh-limp-eek) – Olympic Games

Traîneau (Tray-no) – Sleigh

Banquet (Ban-kay) – Banquet

Sapin (Sa-pan) – Pine tree / Christmas tree

Bûche de Noël (Bush de No-el) – Christmas Yule Log
(a type of cake)

Exercices de grammaire/Grammar exercises:

Pratiquez les adjectifs. Trouvez des adjectifs dans le texte et utilisez-les pour compléter les phrases suivantes:

1. Maria a une imagination _____.

2. Picasso a créé des ornements qui étaient
_____ et _____.

3. Luna avait une expression _____ sur son visage pendant le concours de cuisine.

4. Boris distribuait les cadeaux avec une grâce _____.

5. Les villageois ont créé des traîneaux à partir d'objets _____.

Dialogues pour pratique/Dialogues for practice:

Maria: Quelle belle parade!

Grands-parents: Oui, c'était vraiment spectaculaire!

Maria: What a beautiful parade!

Grandparents: Yes, it was truly spectacular!

Luna: J'adore cette bûche de Noël!

Picasso: Moi aussi, c'est délicieux!

Luna: I love this Yule log cake!

Picasso: Me too, it's delicious!

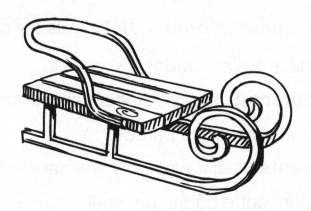

Le Mystère de la Bûche de Noël Disparue

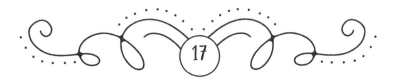

Noël approchait à grands pas dans le petit village où Maria vivait avec ses grands-parents. Cependant, une étrange nouvelle se répandit parmi les habitants du village: la précieuse bûche de Noël du boulanger avait disparu! Pour résoudre ce mystère, les célèbres détectives Boris le chat, Luna le chien et Picasso le perroquet furent appelés à la rescousse.

Les trois détectives se réunirent dans la boulangerie, où la panique régnait. Boris, avec ses super pouvoirs, volait autour, recueillant des indices, tandis que Luna utilisait son odorat incroyable pour suivre la trace du délicieux gâteau. Picasso, quant à lui, créait une carte précise de la scène du crime avec son pinceau magique.

La première piste les mena à la maison des grands-parents de Maria. Avec un sourire gêné, ils avouèrent avoir pris un petit morceau du gâteau, incapable de résister à l'arôme alléchant. Mais le mystère demeurait, car il manquait encore une grande partie de la bûche.

L'enquête se poursuivit dans tout le village, chaque piste apportant une touche d'humour à cette aventure. Maria suivait les détectives, son visage s'éclairant de rire à chaque nouvelle découverte cocasse.

Finalement, après un voyage à travers des scènes ncroyablement drôles et des situations loufoques, la bûche fut retrouvée dans le lieu le plus inattendu: sur la branche d'un sapin de Noël dans la place du village! Elle avait été transformée en une magnifique oeuvre d'art, ornée de décorations colorées et scintillantes.

Le village s'est alors réuni, riant du mystère résolu et de l'endroit surprenant où la bûche avait été trouvée. Tous étaient d'accord: cette bûche de Noël était maintenant encore plus spéciale, portant avec elle l'histoire et les rires de tout un village.

Maria et ses grands-parents, entourés de leurs amis et de leur famille, s'installèrent pour profiter d'un festin de Noël des plus joyeux, la bûche retrouvée trônant fièrement au centre de la table, symbole de l'unité et de la joie partagée qui régnait dans le coeur de chacun en cette merveilleuse nuit de Noël.

Questions sur le texte pour les étudiants/
Questions on the text for students:

- Quel est le mystère que les détectives doivent résoudre?
  (What is the mystery that the detectives need to solve?)

- Qui sont appelés pour résoudre ce mystère?
  (Who are called upon to solve the mystery?)

- Où la bûche de Noël a-t-elle été finalement retrouvée?
  (Where was the Yule log finally found?)

- Comment était la bûche de Noël quand ils l'ont trouvée?
  (What did the Yule log look like when they found it?)

- Comment l'histoire se termine-t-elle?
  (How does the story end?)

Vocabulaire pour les étudiants/ Vocabulary for students:

Boulangerie (Bool-an-zher-ee) – Bakery

Piste (Peest) – Clue/Track

Aroma (A-ro-ma) – Aroma/Smell

Sapin (Sa-pan) – Pine tree / Christmas tree

OEuvre d'art (Uv-ruh dar) – Work of art

Exercices de grammaire/Grammar exercises:

Pratiquez le passé composé. Convertissez les phrases suivantes du présent au passé composé:

- Les détectives résolvent le mystère.
  (The detectives solve the mystery.)

- Maria suit les détectives.
  (Maria follows the detectives.)

- Les grands-parents avouent.
  (The grandparents confess.)

- Picasso crée une carte. (Picasso creates a map.)

- La bûche de Noël disparaît. (The Yule log disappears.)

Dialogues pour pratique/Dialogues for practice:

Maria: J'ai vu Boris voler autour de la boulangerie.

Grands-parents: Il cherche des indices pour le mystère!

Maria: I saw Boris flying around the bakery.

Grandparents: He is looking for clues to the mystery!

Luna: J'ai trouvé une piste intéressante près du sapin.

Picasso: Bien, allons voir cela!

Luna: I found an interesting clue near the Christmas tree.

Picasso: Good, let's check that out!

La Chute d'Étoiles de Noël

24

Dans le paisible village près de Marseille, une nouvelle féérie de Noël était sur le point de se dérouler. Cette fois-ci, le ciel nocturne était le protagoniste. Un soir, alors que Maria et ses grands-parents décoraient la maison, une pluie d'étoiles filantes illumina le ciel.

Excitée, Maria appela les trois détectives animaliers: Boris le chat, Luna le chien et Picasso le perroquet. «C'est une chute d'étoiles de Noël!» s'écria-t-elle, émerveillée.

Le trio se mit alors en action, décidant de mener une enquête pour trouver l'origine de ce phénomène incroyable.

Ils se lancèrent dans une aventure céleste hilarante, avec Luna tentant de sauter pour atteindre les étoiles, Picasso peignant des tableaux imaginaires dans le ciel, et Boris volant haut, essayant de discuter avec les étoiles.

L'enquête les mena à une vieille bibliothèque où ils trouvèrent un livre de légendes. «C'est l'oeuvre de la fée de Noël,» expliqua une vieille légende du village, «elle apporte des étoiles filantes pour annoncer une saison de joie et de miracles.»

Avec cette révélation, tout le village se rassembla pour créer une fête merveilleuse sous le ciel étoilé. Il y avait des rires, des danses, et bien sûr, des voeux faits sous les étoiles filantes.

Le point culminant fut lorsque Maria et ses grands-parents, guidés par la lumière des étoiles, trouvèrent un trésor caché rempli de jouets anciens et de sucreries. Le village était empli de joie, partageant le trésor avec tous les enfants présents.

En cette nuit magique, Maria réalisait que la chute d'étoiles n'était pas juste un phénomène naturel, mais un signe de bonheur et d'unité, un cadeau merveilleux de la fée de Noël, apportant le rire et la lumière dans le coeur de chacun.

Questions sur le texte pour les étudiants/ Questions on the text for students:

- Que faisait Maria avec ses grands-parents quand le phénomène céleste a commencé?
  (What was Maria doing with her grandparents when the celestial phenomenon started?)

- Quelle était la réaction initiale de Maria à la vue des étoiles filantes?
  (What was Maria's initial reaction upon seeing the shooting stars?)

- Qu'ont découvert les détectives dans la vieille bibliothèque?
  (What did the detectives find out in the old library?)

- Comment les villageois ont-ils célébré l'événement spécial?
  (How did the villagers celebrate the special event?)

- Que symbolisent les étoiles filantes pour Maria à la fin de l'histoire?
  (What do the shooting stars symbolize for Maria at the end of the story?)

Vocabulaire pour les étudiants/ Vocabulary for students:

Féérie (Fay-ree) – Fairy tale

Étoiles filantes (Eh-twahl fe-lahnt) – Shooting stars

Légende (Lezh-ahnd) – Legend

Trésor (Treh-zor) – Treasure

Voeu (Veu) – Wish

Exercices de grammaire/Grammar exercises:

Pratiquez le présent de l'indicatif. Convertissez les phrases suivantes du passé composé au présent de l'indicatif:

- Maria et ses grands-parents ont décoré la maison. (Maria and her grandparents decorated the house.)

- Boris a volé haut dans le ciel. (Boris flew high in the sky.)

- Ils ont trouvé un livre dans la bibliothèque. (They found a book in the library.)

- Les étoiles ont annoncé une saison de joie.
  (The stars announced a season of joy.)
- Le village a créé une fête sous le ciel étoilé.
  (The village created a feast under the starry sky.)

Dialogues pour pratique/Dialogues for practice:

Maria: Les étoiles filantes sont si belles!

Grands-parents: Oui, c'est un vrai spectacle céleste.

Maria: The shooting stars are so beautiful!

Grandparents: Yes, it's a real celestial spectacle.

Boris: Je crois que la fée de Noël est derrière cela.

Picasso: Une fée de Noël? C'est féérique!

Boris: I believe the Christmas fairy is behind this.

Picasso: A Christmas fairy? That's magical!

Invités de Noël

Dans le charmant village près de Marseille, la maison de Maria et de ses grands-parents était une le charmant village près de Marseille, la maison de Maria et de ses grands-parents était une ruche d'activité. L'excitation était à son comble car ils préparaient une grande fête de Noël, accueillant non seulement des amis et de la famille, mais aussi leurs invités spéciaux, les fameux détectives: Boris le chat, Luna le chien, et Picasso le perroquet.

Le salon était transformé en un atelier où Picasso, avec une palette de couleurs brillantes, créait des invitations uniques. Luna, avec un noeud festif, aidait à la cuisine, tandis que Boris, du haut de son perchoir, supervisait tout avec un oeil critique mais bienveillant.

Maria et ses grands-parents s'affairaient à décorer le sapin de Noël gigantesque au centre du salon, avec des boules scintillantes et des guirlandes dorées. Des chants de Noël résonnaient dans toute la maison, ajoutant à l'ambiance festive.

Enfin, le grand jour arriva. Les invités commencèrent à affluer, apportant avec eux de la chaleur, de la joie et des rires. Il y avait des jeux pour les enfants, des mélodies de Noël jouées au piano, et une table de festin somptueusement préparée par les grands-parents de Maria.

Alors que la soirée battait son plein, un mystère surgit
– la pièce maîtresse du festin, un gâteau de Noël
somptueusement décoré avait disparu ! Sans perdre un
instant, les trois détectives se lancèrent dans une enquête
rigoureuse. Ils inspectèrent chaque recoin, interrogeant les
invités et rassemblant des indices.

Le temps passait et l'inquiétude grandissait. Puis, grâce
à l'odeur aiguë de Luna, le gâteau fut finalement trouvé,
caché derrière le grand sapin de Noël. À côté, une petite
souris endormie avec des miettes autour de sa bouche,
révélant le coupable du vol du gâteau.

La découverte du gâteau apporta des rires chaleureux,
transformant un moment de tension en une occasion de
plus pour célébrer. La petite souris fut pardonnée et invita
même à se joindre à la fête, devenant l'invitée surprise de
la soirée.

Tandis que la nuit tombait, la maison résonnait de rires
joyeux et de chants. Maria et ses grands-parents, entourés
de leurs amis et de leur famille, ainsi que de leurs invités
spéciaux, Boris, Luna et Picasso, ont partagé un Noël
mémorable, plein de joie, de surprises et d'une enquête
inoubliable.

Questions sur le texte pour les étudiants/ Questions on the text for students:

- **Quels sont les préparatifs faits par Maria et ses grands-parents pour la fête de Noël?**
  (What preparations did Maria and her grandparents make for the Christmas party?)

- **Qui sont les invités spéciaux à la fête?**
  (Who are the special guests at the party?)

- **Quel rôle chaque détective a-t-il joué dans les préparatifs?** (What role did each detective play in the preparations?)

- **Quel problème est survenu pendant la fête?**
  (What problem occurred during the party?)

- **Comment le problème a-t-il été résolu?**
  (How was the problem solved?)

Vocabulaire pour les étudiants/ Vocabulary for students:

Sapin de Noël (Sa-pen de No-el) – Christmas tree

Invités (An-vee-tay) – Guests

Guirlandes (Geer-land) – Garlands

Festin (Fes-tan) – Feast

Pièce maîtresse (Py-ess met-rss) – Centrepiece

Exercices de grammaire/Grammar exercises:

Pratiquez les articles définis et indéfinis. Convertissez les phrases suivantes en utilisant l'article opposé:

- Le gâteau est derrière le sapin de Noël.
  (The cake is behind the Christmas tree.)

- Une petite souris est coupable. (A little mouse is guilty.)

- Les grands-parents préparent le festin.
  (The grandparents prepare the feast.)

- **Un atelier est installé dans le salon.**
  (A workshop is set up in the living room.)

- **Les enfants jouent des jeux.** (The children play games.)

Dialogues pour pratique/Dialogues for practice:

Maria: Qu'est-ce qui est spécial dans notre fête de Noël cette année?

Grands-parents: Nous avons des détectives comme invités spéciaux cette année.

Maria: What is special about our Christmas party this year?

Grandparents: We have detectives as special guests this year.

Boris: J'ai un plan pour trouver le gâteau.

Luna: Et moi, j'ai un nez pour ça!

Picasso: Alors, enquêtons ensemble!

Boris: I have a plan to find the cake.

Luna: And I have a nose for it!

Picasso: Then, let's investigate together!

L'Échange de Cadeaux Mystérieux

Dans un petit village charmant près de Marseille, la jeune Maria vivait avec ses adorables grands-parents. Chaque année, un mystère enveloppait leur maison à Noël: des cadeaux mystérieux apparaissaient sous le sapin.

Pour résoudre ce mystère, Maria avait l'aide de trois détectives animaux hors du commun: Boris le chat aux yeux lumineux, Luna le chien au flair inégalable et Picasso le perroquet qui avait le don des langues.

Cette année, ils étaient plus déterminés que jamais. Le trio fouilla chaque recoin de la maison, enquêtant auprès de chaque invité, et même auprès des souris qui habitaient dans les murs. Picasso traduisait les gazouillis des oiseaux curieux, tandis que Luna flairait des indices, et Boris utilisait ses yeux perçants pour scruter chaque ombre.

Le jour de Noël approchait et l'équipe redoublait d'efforts. La maison était remplie de rires, de chants de Noël, et l'odeur de biscuits chauds enveloppait chaque pièce. Les grands-parents étaient souvent vus en train de chuchoter et de sourire mystérieusement, ajoutant à la magie qui imprégnait l'air.

Chaque soir, après que la maison s'endormait, nos détectives se réunissaient pour partager leurs découvertes.

«J'ai entendu les oiseaux parler d'un homme en rouge,» dit Picasso une nuit. «Et moi, j'ai vu une lumière douce dans le jardin, comme des étoiles filantes,» ajouta Boris.

Les jours passaient, mais le mystère restait entier. Maria commençait à se demander si ils découvriraient jamais la vérité. La veille de Noël, alors que la neige commençait à tomber doucement, Luna flaira quelque chose de spécial. «Suivez-moi!» dit-elle, excitée.

Ils la suivirent à travers la maison, et à leur grande surprise, ils découvrirent les grands-parents en train de placer délicatement des cadeaux sous le sapin, leur visage illuminé par la lueur des guirlandes lumineuses.

Maria sourit, les yeux remplis de larmes joyeuses. Le mystère était enfin résolu! Le matin de Noël, la maison s'éveilla à un spectacle merveilleux. Sous le sapin, une montagne de cadeaux attendaient, chacun emballé avec amour et soin par les grands-parents.

Alors que Maria ouvrait les cadeaux, découvrant des trésors faits à la main et des friandises délicieuses, le trio

de détectives se blottissait ensemble, heureux et satisfaits de leur travail bien fait.

Maria prit un moment pour remercier ses trois fidèles amis et ses grands-parents pour le merveilleux Noël rempli de mystère, de rire et d'amour.

Questions sur le texte pour les étudiants/ Questions on the text for students:

- Pourquoi Maria était-elle accompagnée de trois animaux détectives?
  (Why was Maria accompanied by three animal detectives?)

- Quels étaient les superpouvoirs de chaque animal?
  (What were the superpowers of each animal?)

- Qui mettait les cadeaux mystérieux sous le sapin?
  (Who was putting the mysterious gifts under the tree?)

- Comment les grands-parents se comportaient-ils avant Noël? (How were the grandparents behaving before Christmas?)

- Qu'a découvert Maria le matin de Noël?
  (What did Maria find on Christmas morning?)

Vocabulaire pour les étudiants/ Vocabulary for students:

Noël (No-ell) – Christmas

Sapin (Sa-pan) – Christmas tree

Cadeaux (Ka-do) – Gifts

Mystérieux (Mis-te-rieu) – Mysterious

Détectives (De-tek-tiv) – Detectives

Exercices de grammaire/Grammar exercises:

Pratiquez le passé composé. Convertissez ce qui suit phrases au présent tense to passé composé:

- Maria vit avec ses grands-parents.
  (Maria lived with her grandparents.)

- Les animaux enquêtent dans la maison.
  (The animals investigated in the house.)

- Les grands-parents préparent une surprise.
  (The grandparents prepared a surprise.)

- Maria ouvre les cadeaux. (Maria opened the gifts.)

- Les détectives se réunissent chaque soir.
  (The detectives met every evening.)

Dialogues pour pratique/Dialogues for practice:

Maria: Boris, as-tu vu quelque chose de suspect?
(Boris, did you see anything suspicious?)

Boris: Oui, j'ai vu une lumière douce dans le jardin.
(Yes, I saw a soft light in the garden.)

Luna: J'ai suivi une odeur jusqu'à la cuisine.
(I followed a smell to the kitchen.)

Picasso: Les oiseaux parlent d'un homme en rouge.
(The birds are talking about a man in red.)

Trouver l'arbre de Noël

Dans un petit village près de Marseille, la joyeuse Maria et ses grands-parents vivaient dans une petite maison accueillante. Le Noël approchait à grands pas et il était temps de trouver l'arbre de Noël parfait. Mais cette année, ils avaient décidé de faire quelque chose d'un peu différent. Maria et ses amis, trois animaux détectives – Boris le chat, Luna le chien, et Picasso le perroquet – avaient pour mission de trouver l'arbre le plus unique et spécial qui soit.

«Allez, mes supers détectives, en avant!» s'exclama Maria avec un sourire pétillant.

Boris avait le pouvoir de détecter le plus bel arbre avec ses yeux lumineux. Luna pouvait trouver le chemin le plus rapide grâce à son incroyable sens de l'orientation.

Et Picasso, le parle-tout, avait la tâche de négocier le meilleur prix avec les vendeurs d'arbres.

Après avoir exploré de nombreux endroits, la joyeuse troupe arriva enfin à la place du marché. C'était un lieu vibrant de couleurs et de senteurs, où les villageois venaient vendre leurs produits. Boris scrutait chaque arbre avec un oeil critique, Luna reniflait pour s'assurer qu'ils prenaient le bon chemin et Picasso chantonnait des chansons de Noël en créant une ambiance festive.

En passant devant chaque étal, ils rencontraient des arbres de toutes les formes et tailles. Des grands, des petits, des maigres et des touffus. Mais aucun d'eux ne semblait être «LE» sapin de Noël. Après des heures de recherche, le soleil commençait à se coucher et ils étaient toujours sans arbre.

Finalement, après avoir traversé tout le marché, ils trouvèrent un petit coin où un vieil homme vendait un seul arbre. Il était un peu chétif et pas très grand, mais il avait quelque chose de spécial. Boris le regarda et déclara: «C'est lui, je le sens dans mes moustaches!» Luna aboya d'accord et Picasso lança une série de «oui, oui, oui!» enthousiastes.

Avec un sourire chaleureux, le vieil homme leur offrit l'arbre en cadeau, touché par leur esprit de Noël. De retour à la maison, Maria et ses grands-parents décorèrent l'arbre avec des guirlandes colorées, des boules brillantes, et au sommet, une belle étoile dorée. Il était parfait, le petit arbre chétif était devenu le plus beau des arbres de Noël, rempli d'amour et de rires joyeux.

Dans la douce lumière du sapin, Maria et ses compagnons se blottirent et se réjouirent de la magie de Noël qui remplissait leur coeur de bonheur et leur maison d'une chaleureuse lumière dorée.

Questions sur le texte pour les étudiants/ Questions on the text for students:

- Pourquoi Maria et ses amis cherchent-ils un arbre?
  (Why are Maria and her friends looking for a tree?)

- Comment Boris sait-il quel arbre choisir?
  (How does Boris know which tree to choose?)

- Que fait Luna pendant la recherche de l'arbre?
  (What does Luna do during the search for the tree?)

- Qui aide finalement Maria et ses amis à trouver l'arbre?
  (Who finally helps Maria and her friends find the tree?)

- Comment était l'arbre avant d'être décoré?
  (What was the tree like before it was decorated?)

Vocabulaire pour les étudiants/ Vocabulary for students:

Sapin (Sap-an) – Fir tree/Christmas tree

Marché (Mar-shay) – Market

Guirlandes (Gir-land) – Garlands

Chétif (she-teef) – Puny

Étoile (Eh-twol) – Star

Exercices de grammaire/Grammar exercises:

Pratiquez l'imparfait. Convertissez les phrases suivantes dedu présent à l'imparfait:

- Maria et ses amis cherchent un arbre.
  (Maria et ses amis cherchaient un arbre.)

- Le soleil se couche. (Le soleil se couchait.)

- Ils décoraient l'arbre. (Ils décoraient l'arbre.)

- Picasso chantonne une chanson.
  (Picasso chantonnait une chanson.)

- Luna aboie d'accord. (Luna aboyait d'accord.)

Dialogues pour pratique/Dialogues for practice:

Maria: Boris, as-tu trouvé l'arbre parfait?
(Boris, did you find the perfect tree?)

Boris: Pas encore, mais nous ne devons pas abandonner.
(Not yet, but we must not give up.)

Luna: Picasso, peux-tu demander le prix de cet arbre?
(Picasso, can you ask for the price of this tree?)

Picasso: Bien sûr, laissons-nous négocier!
(Of course, let's negotiate!)

Noël dans le village:
Quand le lièvre a volé Noël

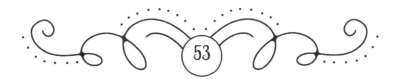

Le village proche de Marseille s'était réveillé dans un tourbillon d'agitation. C'était le jour de Noël, mais quelque chose n'allait pas. Tous les cadeaux avaient disparu!

Maria, la jeune fille intrépide, savait qu'il n'y avait pas de temps à perdre. Elle convoqua son équipe de détectives superpuissants: Boris le chat, Luna le chien, et Picasso le perroquet.

Les trois animaux détectives avaient des super pouvoirs. Boris pouvait voir des choses que les autres ne pouvaient pas, Luna avait un flair inégalé et Picasso pouvait traduire n'importe quelle langue, même celle des animaux. Ils étaient prêts à résoudre le mystère du Noël volé.

«Ne vous inquiétez pas, mes chers villageois, nous retrouverons les cadeaux avant le dîner de Noël!» assura Maria avec confiance. Le groupe commença son enquête.

Boris utilisa ses yeux de lynx pour trouver des indices. «Regardez! Il y a des empreintes de lièvre ici,» déclara-t-il.

Luna renifla les empreintes et suivit la piste, qui les menait à travers le village, puis dans la forêt enneigée, directement à une tanière secrète. Ils y trouvèrent un lièvre tremblant, entouré de tous les cadeaux volés.

«Pourquoi as-tu fait ça?» demanda Maria au lièvre. Avec l'aide de Picasso qui traduisait, le lièvre expliqua qu'il avait voulu savoir ce que cela faisait de recevoir des cadeaux de Noël, car il se sentait toujours exclu pendant la période des fêtes.

Maria réfléchit un instant, puis elle eut une idée brillante. «Et si tu nous aidais à distribuer les cadeaux, et qu'à la fin, nous te donnerions un cadeau aussi?» proposa-t-elle. Le lièvre accepta avec enthousiasme. Ils chargèrent tous les cadeaux sur un traîneau et se mirent en route pour les redistribuer.

Tout le village les accueillit avec des sourires et des applaudissements, et le lièvre se sentait de plus en plus heureux à chaque cadeau distribué. En fin de compte, le lièvre reçut un beau cadeau de la part de Maria et de ses grands-parents: un foulard chaud et une carte qui disait: «Bienvenue dans notre communauté». Le lièvre versa quelques larmes de joie, touché par le geste.

Ainsi, dans le petit village près de Marseille, une jeune fille et son équipe de détectives avaient non seulement sauvé Noël, mais avaient aussi apporté de la joie et de l'inclusion, transformant un malentendu en une nouvelle amitié chaleureuse.

Questions sur le texte pour les étudiants/ Questions on the text for students:

- Pourquoi Maria a-t-elle convoqué son équipe de détectives?
  (Why did Maria convene her team of detectives?)

- Quels sont les super pouvoirs des détectives?
  (What are the superpowers of the detectives?)

- Comment ont-ils trouvé le lièvre?
  (How did they find the hare?)

- Quelle solution Maria a-t-elle proposée?
  (What solution did Maria propose?)

- Comment le lièvre se sent-il à la fin de l'histoire?
  (How does the hare feel at the end of the story?)

Vocabulaire pour les étudiants/ Vocabulary for students:

Tourbillon (Tour-bi-yon) – Whirlwind

Cadeaux (Kado) – Gifts

Tanière (Tany-air) – Den

Empreintes (On-prent) – Prints

Traîneau (Tray-no) – Sleigh

Exercices de grammaire/Grammar exercises:

Pratiquez l'humeur conditionnelle. Convertissez ce qui suit phrases du mode indicatif au mode conditionnel:

- Le lièvre explique. (Le lièvre expliquerait.)

- Ils suivent la piste. (Ils suivraient la piste.)

- Maria convoque son équipe.
  (Maria convoquerait son équipe.)

- Le village accueille avec des sourires.
  (Le village accueillerait avec des sourires.)

- Le lièvre accepte avec enthousiasme.
  (Le lièvre accepterait avec enthousiasme.)

Dialogues pour pratique/Dialogues for practice:

Maria: Luna, peux-tu suivre cette piste?
(Luna, can you follow this trail?)

Luna: Oui, je sens quelque chose par ici.
(Yes, I smell something over here.)

Boris: Picasso, peux-tu traduire ce que dit le lièvre?
(Picasso, can you translate what the hare is saying?)

Picasso: Bien sûr, il dit qu'il se sentait exclu pendant Noël.
(Of course, he says he felt excluded during Christmas.)

Le Concert de Noël Disparu

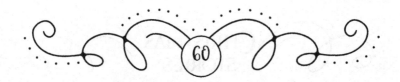

Dans le petit village près de Marseille, tout était prêt pour le concert de Noël annuel.

Mais au matin du grand jour, une découverte terrible fut faite: toutes les partitions musicales avaient disparu! Maria et ses détectives spéciaux, Boris le chat, Luna le chien et Picasso le perroquet se réunirent pour résoudre ce mystère.

Boris utilisa sa vision superpuissante pour chercher des indices, tandis que Luna, avec son flair inégalé, commença à renifler chaque recoin de la salle de concert.

Picasso vola haut dans le ciel, gardant un oeil sur les alentours. Maria coordonnait tout, s'assurant que chaque piste était explorée.

Après un certain temps, Picasso aperçut quelque chose d'inhabituel dans un arbre voisin. «Venez! Je vois quelque chose!» cria-t-il. En volant plus près, ils découvrirent que c'était les partitions manquantes.

Mais comment étaient-elles arrivées là? Et qui pouvait bien faire une chose pareille?

La bande de détectives continua d'enquêter, et grâce aux super-pouvoirs de communication de Picasso, ils

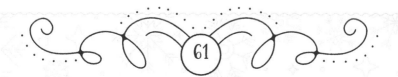

apprirent d'un groupe d'oiseaux que c'était les moineaux taquins qui avaient pris les partitions pour jouer.

Soulagés mais pressés, ils récupérèrent les partitions et les rapportèrent à la salle de concert, sous les applaudissements et les hurrahs de la foule. Maria et ses grands-parents prirent place tandis que l'orchestre entamait une merveilleuse symphonie de Noël.

Le village était baigné dans la douce mélodie des instruments, créant une atmosphère chaleureuse et joyeuse. Et au milieu du concert, un acte inattendu se produisit. Les moineaux, sentant le besoin de s'excuser, volèrent autour, créant une magnifique chorégraphie aérienne qui ajouta une touche magique au concert.

Le concert fut un grand succès, mélangeant la musique traditionnelle de Noël et un spectacle aérien inattendu, offrant une expérience unique et mémorable à tous. Et comme toujours, Maria et son équipe de détectives avaient sauvé la journée, prouvant que avec l'unité, la coopération, et un peu de magie de Noël, tout était possible.

Questions sur le texte pour les étudiants/ Questions on the text for students:

- Qui sont les détectives principaux dans l'histoire?
  (Who are the main detectives in the story?)

- Que cherchaient-ils? (What were they looking for?)

- Qui avait pris les partitions?
  (Who had taken the music sheets?)

- Comment les détectives ont-ils retrouvé les partitions?
  (How did the detectives find the music sheets?)

- Quelle fut la surprise pendant le concert?
  (What was the surprise during the concert?)

Vocabulaire pour les étudiants/ Vocabulary for students:

Concert (kon-ser) – Concert

Partition (par-tee-syon) – Music sheet

Partitions musicales (par-tee-syon myu-zi-kal) – Musical scores

Moineaux (mwa-no) – Sparrows

Chorégraphie aérienne (sho-ray-gra-fee air-yen) – Aerial choreography

Exercices de grammaire/Grammar exercises:

Pratiquez le passé. Convertissez les phrases suivantes de Du présent au passé:

- Les détectives cherchent des indices.
  (Les détectives cherchaient des indices.)

- Picasso voit quelque chose.
  (Picasso a vu quelque chose.)

- Les moineaux taquins prennent les partitions.
  (Les moineaux taquins ont pris les partitions.)

- Maria coordonne tout. (Maria coordonnait tout.)

- Les moineaux ajoutent une touche magique.
  (Les moineaux ont ajouté une touche magique.)

Dialogues pour pratique/Dialogues for practice:

Maria: Boris, peux-tu utiliser ta vision superpuissante?
(Boris, can you use your super powerful vision?)

Boris: Oui, je vois les partitions dans cet arbre.
(Yes, I see the music sheets in that tree.)

Grand-mère: Maria, tu as sauvé le concert de Noël!
(Maria, you saved the Christmas concert!)

Maria: Nous l'avons fait ensemble, avec l'aide de tous.
(We did it together, with everyone's help.)

L'Énigme de Noël dans le Village

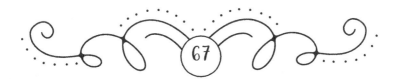

Dans le petit village près de Marseille, Noël approchait à grands pas. Cette année, une grande énigme avait ébranlé la communauté: le Père Noël en chocolat, une tradition précieuse du village, avait disparu! Maria, la jeune fille vive et curieuse, décida d'enquêter avec l'aide de ses assistants super puissants: Boris le chat, Luna le chien, et Picasso le perroquet.

En suivant une série d'indices biscornus, Maria et sa brigade traversèrent le marché de Noël qui sentait bon le vin chaud et les marrons grillés. Boris, grâce à sa vision à rayons X, repéra une petite trace de chocolat sous un stand de santons, les petites figurines que l'on met dans les crèches provençales.

Ensuite, c'était au tour de Luna d'entrer en action avec son super odorat. Elle les guida à travers les ruelles en suivant l'odeur du chocolat, passant devant les maisons décorées de guirlandes lumineuses et de branches de houx.

Finalement, c'est Picasso qui, volant haut dans le ciel, repéra quelque chose de suspect dans le jardin de la mairie. «Là! Là! Je vois le Père Noël en chocolat!» cria-t-il. En arrivant sur place, ils découvrirent que le Père Noël

en chocolat avait été transformé en une énorme fontaine de chocolat pour tout le village!

Tous rirent de bon coeur, comprenant que c'était un cadeau du maire pour apporter un peu de magie et d'unité au village pendant la période des fêtes. Les villageois se sont réunis, des éclats de rire résonnaient tandis que tout le monde trempait des morceaux de pain d'épices dans la fontaine de chocolat.

Maria et ses assistants étaient heureux d'avoir résolu l'énigme, et même si cela n'était pas une vraie enquête criminelle, le sourire sur le visage des gens valait bien toutes les aventures du monde. Ils se sont joints à la fête, célébrant la chaleur et la joie de Noël dans leur cher village.

Questions sur le texte pour les étudiants/
Questions on the text for students:

- **Quelle est l'énigme du village?**
  (What is the village's mystery?)

- Qui aide Maria dans son enquête?
  (Who helps Maria in her investigation?)

- **Que fait Boris pour aider?**
  (What does Boris do to help?)

- **Qu'est-ce qu'ils découvrent à la fin?**
  (What do they find out in the end?)

- **Où trouvent-ils le Père Noël en chocolat?**
  (Where do they find the chocolate Santa Claus?)

Vocabulaire pour les étudiants/ Vocabulary for students:

Énigme (ay-neegm) – Mystery

Père Noël (pair no-el) – Santa Claus

Santons (san-ton) – Little saints
(referring to the small figurines in nativity scenes)

Marrons grillés (mar-ron gree-yey) – Roasted chestnuts

Fontaine de chocolat (fon-ten du shoko-la) – Chocolate fountain

Exercices de grammaire/Grammar exercises:

Pratiquez le passé composé. Convertissez ce qui suit phrases au présent tense to passé composé:

- Maria décide d'enquêter. (Maria a décidé d'enquêter.)

- Picasso voit quelque chose de suspect.
  (Picasso a vu quelque chose de suspect.)

- **Ils suivent une série d'indices.**
  (Ils ont suivi une série d'indices.)

- **Le maire transforme le Père Noël en chocolat.**
  (Le maire a transformé le Père Noël en chocolat.)

- Les villageois rient de bon coeur.
  (Les villageois ont ri de bon coeur.)

Dialogues pour pratique/Dialogues for practice:

Maria: Boris, utilises-tu ta vision à rayons X?
(Boris, are you using your X-ray vision?)

Boris: Oui, je vois une trace de chocolat là-bas.
(Yes, I see a chocolate trace over there.)

Grand-père: Maria, as-tu trouvé le Père Noël?
(Maria, did you find Santa Claus?)

Maria: Oui, c'était une surprise du maire pour le village!
(Yes, it was a surprise from the mayor for the village!)

Made in the USA
Las Vegas, NV
01 December 2023